ICH ENTSCHEIDE SELBST!

Geschichten zum aktiven Zuhören, Mitfühlen und Mitentscheiden

Melanie Apel-Qureishi

ICH ENTSCHEIDE SELBST!

Geschichten zum aktiven Zuhören,
Mitfühlen und Mitentscheiden

Eine Geschichte, zwei Enden.
Du bestimmst, wie die Geschichte weitergeht.

Bibliographische Information der Deutschen Nationalbibliothek

Die Deutsche Nationalbibliothek verzeichnet diese Publikation in der Deutschen Nationalbibliografie, detaillierte bibliografische Daten sind im Internet über dnb.dnb.de abrufbar.

Herstellung und Verlag: BoD - Books on Demand, Norderstedt
Illustrationen: Fiona Theissen
www.fiona-theissen-illustrator.de

ISBN: 978-3-754354070

Für Lara, Hannah und Noah

Melanie Apel-Qureishi hat schon als Kind davon geträumt, einmal ein Buch zu schreiben. Sie studierte Germanistik und Sonderpädagogik an den Universitäten in Gießen und in Marburg und arbeitet seit vielen Jahren als Förderlehrerin. Auch als Mutter von drei Kindern hat sie jede Menge Erfahrungen gesammelt, wie wichtig ein wertschätzender Umgang miteinander ist.

Fiona Theissen hat Kommunikationsdesign an der Hochschule Niederrhein in Krefeld studiert. Nach dem Studium wurde sie als freischaffende Illustratorin tätig.

Inhaltsverzeichnis

Vorwort an die Eltern

In der Entwicklung unserer Kinder ist es wichtig, dass sie lernen Entscheidungen zu treffen und diese dann auch vor sich und anderen zu vertreten. Sie sollen sensibilisiert werden, mögliche Konsequenzen ihres Handelns vorherzusehen und lernen, mit den daraus resultierenden Reaktionen umzugehen. Einen wertschätzenden Umgang miteinander zu vermitteln und vorzuleben, kann helfen, die „richtigen" Entscheidungen zu treffen. Die Erzählungen nehmen die Kinder mit in Alltagssituationen, die sie vielleicht schon einmal erlebt haben oder mit denen sie in der Zukunft konfrontiert werden können.

Zu Beginn einer jeden Geschichte wird den Lesern die jeweilige Hauptfigur vorgestellt und an den entsprechenden Themenschwerpunkt herangeführt.

Es geht dabei um Ehrlichkeit, Eifersucht, Freundschaft, Mobbing und Mut.

An einem bestimmten Punkt jeder Geschichte wird immer die Frage gestellt: Wie soll sich die Hauptperson entscheiden?

Danach erhalten die Leser zwei unterschiedliche Angebote, wie die Geschichte sich fortsetzen könnte. Den Kindern wird beim Weiterlesen aufgezeigt, welche Konsequenzen ihre zuvor getroffenen Entscheidungen für die Figuren der Geschichte haben können.

Eine Version bietet einen positiven Ausgang, in dem sich die Figuren der Geschichte am wertschätzenden Umgang miteinander orientieren. Die zweite Version zeigt in einigen Geschichten auf, zu welchen Komplikationen es führen kann, wenn man sich für diesen Weg entscheidet. Sie enden bewusst offen, so dass sich die Kinder Gedanken machen sollen, wie die Geschichte weitergehen könnte. So bekommen sie die Möglichkeit, die Geschichte selbst zu einem guten Ende zu denken.

Anschließend können die Kinder das jeweils andere Ende der Geschichte lesen und erfahren, wie sie noch hätte ausgehen können. Das gibt den Kindern Gelegenheit, eigene Wertevorstellungen zu hinterfragen.

Deshalb ist es wichtig, dass die Kinder nach jeder Geschichte die Chance bekommen, ihre Gedanken, Fragen und Antworten mit einem Erwachsenen auszutauschen.

Ich wünsche Ihnen und Ihren Kindern viele anregende Gespräche.

-Melanie Apel-Qureishi

Vorwort an dich

Hallo! Bist du bereit für ein kleines Abenteuer?
Du hast bestimmt schon einige Bücher gelesen
und vielleicht ging es dir auch so, dass du dir
gewünscht hast, dass die Geschichte ein anderes
Ende hätte.
Hier hast du nun die Gelegenheit. Du entscheidest
selbst, wie die Geschichte weitergehen soll und
was am Schluss passiert. Du wirst feststellen, dass
sie ganz unterschiedlich enden können.
Du lernst zu Beginn einer Geschichte immer die
Hauptperson kennen. Vielleicht hast du einiges
davon schon mal selbst erlebt und kannst dich gut
in Ben, Emma, Hannah, Lara oder Noah hinein-
versetzen. Denn das kennst du doch bestimmt: Du
hast etwas vor, aber sollst vorher unbedingt noch
dein Zimmer aufräumen, du ärgerst dich, weil du
dich ungerecht behandelt fühlst oder du traust
dich einfach nicht gleich die Wahrheit zu sagen.
Kommt dir da etwas bekannt vor?
Nicht immer treffen wir gleich die richtigen
Entscheidungen, denn oft haben wir in diesem
Moment nicht genug Zeit darüber gründlich nach-
zudenken und die möglichen Folgen gut zu über-
legen.
In den Geschichten hast du so viel Zeit, wie du
brauchst. Und nicht nur das, du kannst auch
immer noch das andere Ende lesen, um zu sehen,
wie die Geschichte dann ausgegangen wäre.
Wenn du nun wieder in einer ähnlichen Situa-
tion bist, erinnerst du dich bestimmt an diese
Geschichten und bist dann besser auf eine gute

Entscheidung vorbereitet. Denn wir wollen doch alle freundlich und fair behandelt werden und freuen uns, wenn andere uns Hilfe anbieten oder wir selbst helfen können und gute Freunde haben. Aber jetzt los,
auf ins erste Ich-entscheide-selbst-Abenteuer.

-Deine Melanie Apel-Qureishi

Das neue Blade TX500
Eine Geschichte vom schlechten Gewissen

Julian ist acht Jahre alt und geht in die 2. Klasse. Julians Freund heißt Ben. Sie kennen sich schon seit sie zusammen im Kindergarten waren. Ben wohnt nur ein Stockwerk über Julian und so gehen sie nicht nur gemeinsam zur Schule, sie verabreden sich auch fast jeden Nachmittag zum Spielen. Heute klingelt Ben gerade an Julians Wohnungstür.

„Hi Ben, ich habe schon auf dich gewartet. Meine Mutter ist noch unterwegs, aber sie kommt bald wieder nach Hause. Ich habe ein neues Blade bekommen. Komm, ich zeig es dir schnell."

Und schon verschwinden die beiden in Julians Zimmer.

„Das ist ja das neue TX500 mit der besonderen Metallschiene!", ruft Ben.

Ben nimmt das Blade in die Hand und schaut es sich genau an.

„Die Farben sind echt toll! Hast du die Aufkleber ganz alleine draufgeklebt oder war das schon so?"

Julian erklärt ihm: „Das hat mein Onkel für mich gemacht. Er hat es mir geschickt. Aus Amerika. So ein Blade gibt es hier noch gar nicht. Es soll besonders stark sein."

„Komm, jetzt lass uns aber batteln. Ich will sehen, ob es wirklich so gut ist."

Julian hat nicht zu viel versprochen. Er gewinnt mit seinem neuen Blade jeden Kampf.

„Darf ich auch mal?", fragt Ben. „Klar, hier! Probier'
es ruhig mal aus."
„Das Blade ist wirklich super. Ich wünschte, ich
hätte auch so eins", denkt sich Ben.
Da klingelt es an der Tür. Das ist Julians Mutter. Sie
ruft: „Julian, bist du da? Ach, hallo Ben. Julian, wir
müssen los. Ich habe den Termin beim Zahnarzt
fast vergessen. Beeile dich!"
Dann muss alles ganz schnell gehen.
„Mach's gut, Ben. Wir sehen uns morgen früh.
Holst du mich wieder ab, 7:40 Uhr?"
„Klar, bis morgen und viel Glück beim Zahnarzt!"
Schnell rennt Ben an ihm vorbei, hoch zu seiner
Wohnung. Als Ben die Wohnungstür hinter sich
schließt, wird ihm ganz heiß und seine Hände
fühlen sich feucht an. In seiner Hosentasche
umklammert er etwas sehr fest mit seiner Hand.
Es ist das neue TX500 Blade von Julian. Er hat es
in der Hektik eingesteckt.
„Was mache ich denn jetzt?", fragt sich Ben.

Wenn du denkst, dass Ben das Blade noch am Abend wieder zu Julian zurückbringen wird, dann lies auf Seite 16 weiter.
Wenn Ben das Blade erst einmal behält und Julian nichts davon erzählt, dann lies auf Seite 19 weiter.

Ben würde das Blade am liebsten direkt wieder zu Julian bringen, aber der ist ja jetzt nicht zu Hause. Warum habe ich es nur eingesteckt, ohne Julian zu fragen? Er hätte es mir bestimmt mal ausgeliehen. Ben spielt einige Zeit mit dem neuen Blade. Es dreht sich wirklich schneller als seine eigenen und es gewinnt jeden Kampf gegen Bens Blades. Aber dann bekommt Ben plötzlich ein komisches Gefühl im Bauch.

Das war doch keine gute Idee. Ich hoffe nur, Julian wird nicht sauer, wenn ich ihm nachher alles erkläre.

Jetzt macht es ihm auch plötzlich gar keinen Spaß
mehr mit dem Blade zu spielen.

„Ich will es einfach nur zurückgeben! Wie lange
dauert eigentlich so ein Zahnarzttermin? Oh Mann,
Julian ist erst seit einer halben Stunde weg", denkt
Ben.

Ben setzt sich an das Fenster und beobachtet die
Menschen, die unten auf dem Gehweg entlang-
laufen. Die Zeit scheint überhaupt nicht zu
vergehen.

Ist das da Julian? Nein. Ben fängt an die Leute zu
zählen.

„Noch zehn, dann ist es bestimmt Julian. Eins,
zwei, drei,... Mist! Noch mal zählen. Noch 17! Wieder
nicht!", spricht Ben vor sich hin.

Endlich, da sind Julian und seine Mutter.

Ben rennt die Treppe nach unten und wartet vor
Julians Wohnungstür.

„Hallo Ben, hast du noch was vergessen? Hast du
die ganze Zeit hier gewartet?", begrüßt ihn Julians
Mutter.

„Nein, ähhh, ich muss, also ich muss kurz was mit
Julian besprechen", stottert Ben richtig aufgeregt.

Julian schaut ihn mit großen Augen an.

„Also, mir tut es so leid. Ich wollte das eigentlich
nicht. Ich, ich, ich habe dein neues Blade mitgenommen."

Ben streckt Julian das Blade entgegen.

Julian nimmt das Spielzeug. Ben hebt langsam
den Kopf und schaut in Julians Gesicht. Ben atmet
aus. Zum Glück. Julian lächelt.

„Ist doch ok. Du hättest mich ruhig fragen können.
Willst du es dir bis morgen früh mal ausleihen?"
Ben kann es nicht glauben.
„Du bist echt ein toller Freund, Julian."

Julian ist jetzt sowieso nicht zu Hause und merkt es nicht. Später kann ich es einfach vor seine Tür legen.

Ben spielt einige Zeit mit dem neuen Blade. Es dreht sich wirklich schneller als seine eigenen und es gewinnt jeden Kampf gegen Bens Blades. Aber dann bekommt Ben plötzlich ein komisches Gefühl im Bauch. Ben will jetzt aber nicht daran denken, er will nur spielen.

Die Zeit vergeht schnell. Ben ist ganz in sein Spiel vertieft und schreckt auf, als seine Mutter zum Abendessen ruft.

Nach dem Abendessen verschwindet Ben gleich wieder in seinem Zimmer, um weiter mit den Blades zu spielen.

Er erinnert sich daran, dass er Julians Blade wieder vor die Haustür legen wollte, doch er traut sich nicht zu klingeln und Julian alles zu erklären. Julian ist bestimmt sauer, wenn er sein Blade nicht findet, aber vielleicht hat er es ja noch gar nicht gemerkt. „Egal, da kümmere ich mich morgen früh drum, da kann ich mir immer noch eine Ausrede einfallen lassen", denkt sich Ben.

Es ist schon kurz vor 20 Uhr, als es an der Tür klingelt.

„Wer kann das denn noch sein?", denkt sich Ben. Plötzlich steht Julian in seinem Zimmer. Er hat ganz verweinte Augen.

„Julian, was ist denn los? War es beim Zahnarzt so schlimm?"

„Ach Quatsch! Das war nur ein Kontrolltermin.

Aber ich finde mein neues Blade nicht mehr.
Das von meinem Onkel, du weißt doch. Ich habe
überall gesucht. Es ist verschwunden!"
„Weißt du vielleicht, wo es sein könnte?"
Das ist Bens Chance. Er könnte jetzt alles erklären,
aber dann wäre Julian bestimmt richtig wütend
auf ihn.
Sein Herz schlägt nun schneller und er hört es bis
in seinen Kopf klopfen.
Da sagt Ben: „Ich weiß es auch nicht. Das ist aber
komisch. Es ist bestimmt irgendwo in deinem
Zimmer. Also, ich habe es nicht mitgenommen!"
In diesem Moment rutscht Ben das Blade, das er
hinter seinem Rücken versteckt hat, aus der Hand
und fällt auf den Boden.
Keiner bewegt sich und beide sind ganz still.
Julian hebt sein Blade auf, er sieht traurig, aber
auch irgendwie wütend aus.
Was soll Ben sagen? Soll er sich entschuldigen?
Aber dann müsste er ja alles zugeben.
„Ich weiß auch nicht, wie das hierher kommt."
Julians Kopf ist nun rot vor Wut: „Warum hast du
nichts gesagt? Ich hätte es dir doch ausgeliehen.
Oder warum hast du es mir nicht einfach wieder-
gebracht? Das hätte ich nicht von dir gedacht.
Du bist doch mein Freund. Nein, du warst mein
Freund!"
Julian dreht sich um und rennt aus dem Zimmer.
Ben bleibt stehen und bekommt ein ganz
schlechtes Gewissen.

Das hat er so wirklich nicht gewollt.
Ben beschließt sich morgen vor der Schule bei Julian zu entschuldigen und ihm dann alles zu erklären.

Die Übernachtung
Eine Geschichte von der Ehrlichkeit

„Mama, kann ich heute bei Sophie übernachten. Bitte, es ist doch Wochenende. Bitte, bitte, bitte!", fleht Lara ihre Mutter an und schaut wie ein kleiner Engel.
Laras Mutter sieht ihre Tochter grinsend an: „Aber dein Zimmer räumst du vorher noch auf. Abgemacht?!"

„Ok, einverstanden. Ich rufe gleich mal Sophie an und sage ihr, dass ich darf. Du bist die Beste, Mama!"

„Aber vergiss unsere Abmachung nicht!", erinnert Laras Mutter.

„Klar, ich habe doch noch so lange Zeit, ich gehe doch erst um fünf Uhr zu meiner Freundin. Das schaffe ich auf jeden Fall!"

„Aber warte nicht wieder bis auf den letzten Moment. Du weißt ja, dann gibt es schnell Ärger."

„Das kriege ich hin. Ich weiß schon, wie ich das machen muss. Mach dir keine Sorgen. Um fünf Uhr ist alles im Zimmer aufgeräumt, darauf kannst du dich verlassen."

Lara nimmt den Hörer in die Hand und wählt Sophies Nummer. „Sophie, hallo! Ich bin's, Lara. Ja, es klappt heute Abend mit dem Übernachten. Ich freue mich schon so. Ich komme dann so gegen fünf vorbei. Ich muss vorher noch mein Zimmer aufräumen. Was, du hast den neuen „Bibi und Tina"- Film? Oh, den wollte ich die ganze Zeit schon mal sehen."

„Ich wollte ihn auch schon schauen, aber ich warte bis heute Abend auf dich. Dann können wir den Film nach dem Abendessen schauen", redet Sophie ganz aufgeregt.

„Abgemacht! Bis später! Nur noch zwei Stunden. Dann bin ich bei dir", verabschiedet sich Lara am Telefon.

So, jetzt aber ans Aufräumen, denkt sich Lara.
Wenn Lara gleich aufräumt, dann lies auf Seite 25
weiter.
Wenn Lara das Aufräumen verschiebt und im
Zimmer weiterspielt, lies auf Seite 29 weiter.

Also los, wenn ich gleich mit dem Aufräumen
anfange, dann bin ich vielleicht schon früher fertig
und kann schon früher zu Sophie.
Ich fange erst mal mit meinem Schreibtisch an, ich
weiß auch nicht, warum da immer so viele Sachen
draufliegen.

Die dreckigen Socken in den Wäschekorb, die
Bücher ins Regal, die Stifte in die Schublade und
die verknüllten Blätter in den Papierkorb.
Das war doch einfach, aber noch sieht das Zimmer
ziemlich chaotisch aus.

Ob ich das heute alles schaffe? Lara setzt sich erst mal auf ihr Bett und schaut sich im Zimmer um.

Huch, was war denn das? Oh, da liegt ja Emmi, ihre Lieblingspuppe, unter der Bettdecke.

Emmis Haare sind ganz zerzaust. Ob ich Emmi erst mal eine Frisur mache? Ok, ganz schnell, nur einen Pferdeschwanz und zwei Klammern rein.

Aber jetzt weiter.

Da steckt Mama ihren Kopf durch die Zimmertür. „Super, der Schreibtisch ist ja schon aufgeräumt, aber es liegen ja noch jede Menge Spielsachen auf dem Boden", sagt sie. „Vielleicht hilft dir ja ein bisschen Musik. Mach dir doch die Kinderlieder an und schau mal, wie viele Spielsachen du während eines Liedes aufheben kannst?"

Und schon ist Mama wieder verschwunden.

Das ist eine gute Idee, denkt sich Lara und drückt auf die Playtaste. „Eins, zwei, drei im Sause-schritt..." dröhnt durch das Zimmer.

Lara rast wie eine Rakete durch den Raum.

Die Puppen in die rote Box, die Legoteile in die gelbe. Das Lied ist fast zu Ende, das weiß sie genau, denn Lara hat das Lied schon tausendmal gehört.

Der nächste Song ist ihr absolutes Lieblingslied, da muss sie einfach mittanzen. „Jambo Mambo", singt Lara lauthals mit.

Hui, jetzt ist sie aber ganz schön außer Puste. „Erst mal kurz ausruhen, dann räume ich weiter auf. Gleich habe ich es ja auch schon geschafft, nur noch mein Bett."

Da klingelt das Telefon. Es ist Sophie.

„Und wie weit bist du?"

„Gleich fertig. Nur noch mein Bett machen."

„Mami, darf ich auch schon eher zu Sophie, wenn mein Zimmer aufgeräumt ist?"

Die Mutter nickt ihr lachend zu und hält den Daumen hoch.

„Ok Sophie, dann bis gleich."

Da steht Laras Mutter im Zimmer. „Mensch, ich kann ja wieder durch dein Zimmer laufen, ohne über irgendwelche Spielsachen zu stolpern", lobt die Mutter und zwinkert Lara zu.

„Komm, das Bett räumen wir gemeinsam auf, dann geht es schneller."

„Super, Mama! Danke!"

Erst einmal alles runter vom Bett, sieben Kuscheltiere, zwei Puppen und drei einzelne Socken kommen zum Vorschein.

Nachdem das Bett gemacht ist, nun noch alle Kuscheltiere und Puppen auf den Bettrand setzen und fertig.

Lara und Mama klatschen in die Hände. „Gut gemacht!" lobt Mama.

Eilig packt Lara dann ihre Sachen für die Übernachtung bei ihrer Freundin zusammen und schon ist sie auf dem Weg.

„Also los, wenn ich gleich mit dem Aufräumen anfange, dann bin ich vielleicht schon früher fertig und kann schon früher zu Sophie.
Ich fange erst mal mit meinem Schreibtisch an, ich weiß auch nicht, warum da immer so viele Sachen draufliegen. Was sind das denn für Stifte da? Die mit dem Glitzer. Die habe ich doch schon die ganze Zeit gesucht." Lara schiebt die Sachen auf dem Schreibtisch zur Seite, damit sie Platz hat. Dabei fallen ein paar Bücher, bemalte Blätter und die dreckigen Socken auf den Boden.
„Egal", denkt sich Lara, „das kann ich ja gleich noch aufräumen."

Das Bild will nicht so gelingen, wie es sich Lara vorgestellt hat. Immer wieder zerknüllt sie ein Papier und wirft es hinter sich. Mist, Mist, Mist!
Da steckt Mama ihren Kopf durch die Zimmertür. Sie sieht nicht so froh aus und runzelt die Stirn. „Ich dachte, du wolltest aufräumen. Jetzt sieht es ja noch schlimmer als vorher aus. Schau doch mal, was hier alles auf dem Boden liegt. So kannst du auf keinen Fall bei Sophie übernachten. Jetzt leg mal los, Lara!", schimpft die Mutter. Nun ist auch Lara genervt, sie wollte das doch unbedingt mit dem Bild und den Glitzerstiften hinkriegen.
„Vielleicht hilft dir ja ein bisschen Musik. Mach dir doch die Kinderlieder an und schau mal, wie viele Spielsachen du während eines Liedes aufheben kannst?", sagt ihre Mutter nun wieder ein bisschen freundlicher.
Das ist eine gute Idee, denkt sich Lara und drückt schon auf die Playtaste. „Eins, zwei, drei im Sause-schritt..." dröhnt durch das Zimmer.
Laras Laune ist schon wieder besser und sie rast wie eine Rakete durch den Raum.
„Die Puppen in die rote Box. Ich mache nur noch allen schnell eine Frisur, dann räume ich weiter auf." Das Lied ist fast zu Ende, das weiß sie genau, denn Lara hat das Lied schon viele Male gehört.
Der nächste Song aber ist ihr absolutes Lieblings-lied, Jambo Mambo. „Noch drei Puppen und dann bin ich fertig mit den Frisuren", denkt sich Lara.
Da klingelt das Telefon. Es ist Sophie.
„Und wie weit bist du?"

„Äh, fast fertig. Ich muss nur noch ein bisschen aufräumen. Bis später. Ich muss weitermachen. Tschüss, Sophie!"
Lara schaut sich um, ihr Zimmer ist immer noch ziemlich chaotisch. Wie soll sie das nur schaffen? Da hat sie eine Idee.
Bettdecke runter. Alles, was auf dem Boden liegt auf das Bett. Bücher, Socken, Lego, Barbies, Stifte, Kuscheltiere und schnell die Bettdecke drauf. Fertig. Das war doch einfach.

Da steht Laras Mutter im Zimmer. „Mensch, ich kann ja wieder durch dein Zimmer laufen, ohne von irgendwelchen Legosteinen attackiert zu werden!", lobt ihre Mutter und zwinkert Lara zu. „Komm, das Bett räumen wir gemeinsam auf, dann geht es schneller."
„Ist schon gut, das mache ich allein. Du brauchst mir nicht zu helfen, Mama."
Aber da ist Mama schon am Bett und zieht die Bettdecke hoch.
„Lara, was soll denn das? Das ist doch nicht aufräumen?", bemerkt Mama ernst.
„Eigentlich wollte ich dir helfen, aber du machst dir selbst nur noch mehr Arbeit. Ich glaube, das mit der Übernachtung müssen wir noch mal verschieben. Vielleicht klappt es ja morgen Abend. Ich rufe gleich mal Sophies Mutter an."
Lara ist sehr enttäuscht, sie hatte sich so auf den Abend mit Sophie gefreut. „Das ist echt gemein. Das ist doch mein Zimmer und ich finde es gar nicht so unordentlich. Oder…? Naja, so kann ich auf jeden Fall nicht im Bett schlafen."
Mama hat vielleicht doch recht.

Die drei besten Freunde
Eine Geschichte von Freundschaft

Die Pausenglocke läutet. „Endlich ist die Deutsch-stunde vorbei!", denkt sich Hannah. Sie kann es kaum erwarten, zusammen mit ihren Freundinnen Alea und Amelie auf dem Pausenhof zu spielen. Wenn sie sich beeilen, bekommen sie noch eins der Springseile, die alle gerne ausleihen. Hannah hat Glück und bekommt von Frau Herbert das letzte Springseil überreicht.
„Wer von euch will anfangen?", fragt Hannah.
„Ich!", ruft Alea.
Die beiden anderen drehen das Springseil und Alea legt los: „Eine kleine Mickey..."

Sie springt den ganzen Reim ohne Fehler. „Jetzt bist du dran, Hannah!"

„Teddybär, Teddybär, drehe dich um…"

„Das hat bei dir ja auch wirklich gut geklappt", meint Alea. Alle Mädchen lachen und freuen sich. Nun ist Amelie an der Reihe. „Schneewittchen…" Und auch Amelie beendet ihren Zählreim ohne Unterbrechung.

„Ihr seid ja wirklich ein großartiges Team", bemerkt da Frau Herbert. „Wie toll ihr drei zusammenspielen könnt. Sehr schön!"

Das finden die drei Mädchen auch und umarmen sich. Da hören sie die Pausenglocke.

„Oh, schade, die Pause ist schon wieder zu Ende, aber wir können uns ja heute Nachmittag noch mal treffen. Hast du heute Zeit, Hannah?", fragt Alea. „Klar!", entgegnet Hannah. „Können wir uns heute mal ohne Amelie treffen?", flüstert Alea, ohne dass es Amelie hören kann. „Ich möchte mich einfach mal nur mit dir verabreden. Wir müssen es ihr ja nicht sagen."

Hannah schaut Alea an. Was soll sie denn jetzt machen? Natürlich ist es ok, wenn nur mal sie und Alea sich treffen. Aber ihr tut Amelie leid, eigentlich vertragen sie sich doch alle drei immer gut und Seilspringen macht nur zu dritt richtig Spaß.

„Wir reden nach der Schule noch mal. Jetzt müssen wir erst mal zurück in die Klasse, sonst bekommen wir noch Ärger mit Herrn Zugler, unserem Klassenlehrer".

Hannah merkt in der letzten Schulstunde, dass sie sich nicht konzentrieren und dem Lehrer kaum zuhören kann. Sie muss immer wieder an das denken, was Alea vorgeschlagen hat. Was soll sie nur Amelie sagen? Oder soll sie einfach gar nichts sagen?

Als der Unterricht vorbei ist, packt Hannah ganz langsam und nachdenklich ihre Schulsachen ein. Da lehnt sich Amelie freudig zu ihr rüber. „Träumst du, Hannah? Schule ist aus. Los geht's! Und es bleibt doch bei heute Nachmittag um drei Uhr? Du und Alea, ihr kommt zu mir. Wir können dann wieder das Seilspringen üben."

Wenn Hannah Amelie alles erklärt und sie dann gemeinsam eine Lösung finden, dann lies auf Seite 38 weiter.
Wenn Hannah Amelie nichts sagt und sich eine Ausrede ausdenkt, dann lies auf Seite 40 weiter.

„Was soll Hannah jetzt sagen?" Alea hat sie doch schon in der Pause gefragt und sie gebeten, Amelie nichts davon zu erzählen.

Vielleicht ist es auch für Amelie in Ordnung und morgen können sie sich wieder alle zusammen verabreden?

Hannah schaut Amelie an und sagt dann freundlich: „Eigentlich gerne, aber mich hat schon Alea gefragt und sie würde sich gerne mal nur mit mir verabreden. Morgen können wir doch wieder alle drei was zusammen unternehmen. Ist das für dich ok?"

Amelie schaut erst ein bisschen traurig, aber dann nickt sie Hannah zu und lächelt. „Das ist in Ordnung, wenn ihr das so wollt."

Nun kommt auch Alea dazu, sie merkt, dass etwas nicht stimmt.

Hannah erzählt ihr, was passiert ist.

Alea sagt: „Ich möchte mich eben einfach mal nur mit Hannah heute verabreden, wir wollen Tischkicker spielen und das ist zu zweit besser. Verstehst du das?

Wir sind immer noch beste Freunde. Das ist doch klar. Wir sehen uns morgen wieder in der Schule und morgen Nachmittag üben wir auch gemeinsam mit dem Springseil. Einverstanden?"

Nun haben wieder alle fröhliche Gesichter und umarmen sich.

Was soll Hannah jetzt sagen? Alea hat sie doch schon in der Pause gefragt und sie gebeten Amelie nichts davon zu erzählen. Vielleicht ist es auch für Amelie in Ordnung und morgen können sie sich wieder alle zusammen verabreden?

Hannah schaut Amelie an und sagt dann etwas zögerlich: „Also, weißt du… Ja, eigentlich gern. Aber heute Nachmittag muss ich meinem Vater helfen. Er will das Gartenhaus für unsere Fahr-räder aufbauen und er hat mich gebeten, dass ich ihm dabei helfe. Aber morgen habe ich bestimmt wieder Zeit."

„Kein Problem!", sagt Amelie. „Dann sehen wir uns morgen in der Schule wieder. Viel Spaß heute Mittag!"

Hannah bekommt feuerrote Ohren, aber zum Glück merkt es niemand außer ihr.

Warum hat sie Amelie nicht einfach die Wahrheit gesagt oder warum hat sie Alea nicht erklärt, dass sie viel lieber zu dritt spielen möchte? Hannah fühlt sich nicht gut. Aber nun ist Amelie schon weg und sie sieht, dass Alea auf sie wartet.

„Also dann bis um drei Uhr bei mir, Hannah?"

Hannah nickt und murmelt: „Ja, ok!"

Hannah will sich am Nachmittag gerade auf den Weg machen, da kommt ihre Mutter vom Einkaufen nach Hause.

„Hannah, höre mal, ich habe eben Amelie mit ihrer Mutter getroffen. Amelie hat etwas von Garten-haus aufbauen erzählt und dass du hilfst.

Ich habe ihr dann gesagt, dass wir das Häuschen doch schon gemeinsam am Wochenende aufgebaut haben und sie da bestimmt etwas falsch verstanden hat. Amelie war dann ganz still und hat gar nichts mehr gesagt. Komisch, verstehst du das?"

„Ich kläre das schon, Mama! Bin gleich wieder da.
Ich muss Amelie unbedingt die Wahrheit sagen!"
Sie rennt zum Telefon und wählt Amelies Nummer.

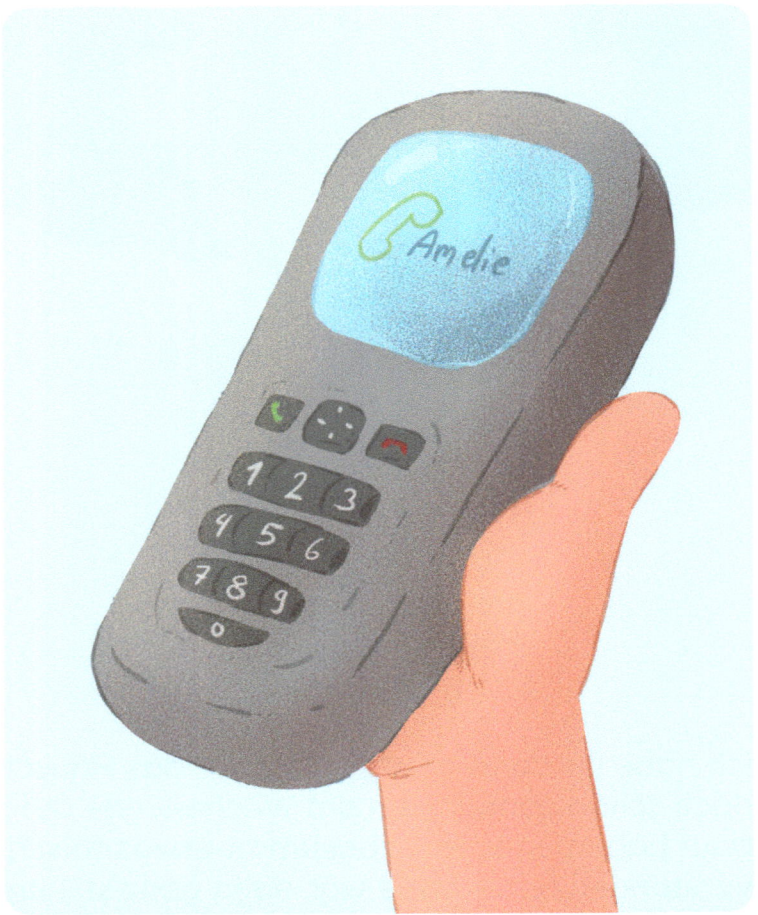

Der kleine Bruder Phil
Eine Geschichte von der Eifersucht

„Das ist so unfair. Immer höre ich nur Phil, Phil, Phil. Sei leise, Phil schläft. Ich kann gerade nicht, ich muss Phil helfen. Gib doch nach und lass das Phil haben, er versteht das noch nicht, er ist doch noch klein und du bist doch schon groß und vernünftig!" Emma ist stinksauer und schimpft vor sich hin. Ihr kleiner Bruder nervt und ihre Eltern haben nur noch Zeit für ihn.

Immer wenn sie mal etwas erzählen will, sind sie gerade mit Phil beschäftigt, weil er weint, schreit oder soooo süß lacht. Und ständig muss auf ihren kleinen Bruder Rücksicht genommen werden. Letztes Wochenende wollte sie unbedingt Schlittschuhfahren. Sie hatte zu Weihnachten neue Schlittschuhe bekommen, rosa mit weißen Sternen darauf. Auf die ist sie richtig stolz.

Aber Mama hatte gesagt: „Emma, das geht dieses Wochenende leider nicht. Papa muss am Wochenende arbeiten und mit Phil kann ich doch noch nicht Schlittschuhlaufen gehen. Das musst du verstehen. Bestimmt bald. Ich verspreche es dir! Komm, wir gehen alle zusammen auf den Spielplatz, da ist es doch auch schön."

„So kann das nicht weitergehen", denkt sich Emma. „Da mache ich nicht mehr mit. Auf den Spielplatz! Bin ich ein Baby wie Phil oder was? Ich bin schließlich schon in der Schule. Da gehe ich doch auf keinen Spielplatz mehr. Ja, wenn man klein ist, so wie mein Babybruder, dann ist das toll. Aber ich will Schlittschuhfahren. Das muss Mama doch verstehen. Aber ihr hört ja nie einer zu!"

Emma sitzt schon seit einer Stunde unter ihrem Hochbett mit dem Einhörner-Vorhang. Das ist ihr Reich. Hier liegen ein paar Kissen, ihre Kuscheldecke und ihr Lieblingsbuch. Aber an Lesen kann sie gerade gar nicht denken. Und so schimpft Emma die ganze Zeit leise vor sich hin und überlegt, was sie nur tun könnte.

Mama ist wieder mal so sehr mit Phil beschäftigt,
dass sie scheinbar noch gar nicht bemerkt hat,
dass Emma in ihrem Zimmer verschwunden ist.
„Ich bin denen doch egal!", jammert Emma leise
vor sich hin.
Da klopft es an der Tür. Emma bewegt sich nicht
von der Stelle und gibt keinen Laut von sich. Sie
hört, dass sich die Tür ihres Kinderzimmers öffnet
und jemand hereinkommt. „Emma, bist du hier?"
Sie kennt die Stimme. Es ist Papa. Er ist wahr-
scheinlich gerade von der Arbeit nach Hause
gekommen.

„Emma, wo bist du denn? Ich habe mich den ganzen Tag auf dich gefreut und ich wollte zuallererst dich begrüßen."

Papa steht nun genau vor dem Bett. Emma kann seine weißen Tennissocken sehen. Jetzt muss Emma kichern und schon bewegt sich der Vorhang zur Seite und Papa krabbelt auf allen Vieren zu seiner Tochter unter das Hochbett.

„Da habe ich dich ja endlich gefunden. Was machst du denn so allein hier unten? Mama und Phil spielen zusammen mit den Bauklötzen im Wohnzimmer. Willst du nicht auch mit dazukommen?"

Emma verzieht das Gesicht und dreht sich weg.

„Mit den Bauklötzen, mit den Bauklötzen! Das ist doch was für Babys. Dazu habe ich keine Lust!", sagt sie schlecht gelaunt.

„Was ist denn los mit dir, Emma? Warum bist du so wütend?"

Wenn du willst, dass Emma nicht mit ihrem Vater spricht, dann lies auf Seite 48 weiter.
Wenn du willst, dass Emma mit ihrem Vater spricht und ihm alles erzählt, dann lies auf Seite 51 weiter.

„Was soll sie denn ihrem Vater sagen? Der muss doch wissen, was mit ihr los ist. Oder merkt er etwa gar nicht, dass nur noch alles nach dem Willen von Phil geht?"

Emma sitzt immer noch mit verschränkten Armen und vom Vater weggedreht unter dem Hochbett.

„Emma, komm, sag doch mal. Was ärgert dich so? Ist was in der Schule vorgefallen? Hattest du Streit mit deiner Freundin Lucie? Hattest du Ärger mit Mama?"

Ich glaube, Papa weiß wirklich nicht, warum sie so ärgerlich und traurig ist. Das kann doch gar nicht sein.

„Natürlich ist es wegen Phil und wie ihr euch seit seiner Geburt benehmt", will Emma Papa entgegenschreien. Aber Emma bleibt stumm. Emma presst ihre Lippen fest zusammen. Sie merkt nur, dass ihre Wut immer größer und größer wird.

Sie will für immer in ihrem Zimmer bleiben und alle sollen sie einfach in Ruhe lassen. Interessiert doch sowieso niemanden.

„Also, Emma, ich weiß auch nicht. Wenn du nicht mit mir reden willst, dann gehe ich jetzt wieder zu Phil und Mama. Du kannst auch ins Wohnzimmer kommen, wenn du wieder bessere Laune hast. Außerdem gibt es in einer halben Stunde Abendessen."

Papa kriecht unter dem Bett heraus und streckt sich kurz, dann läuft er langsam zur Tür. Dort bleibt er noch mal stehen und wartet einen Moment, so als ob er hofft, dass Emma vielleicht doch etwas sagen könnte.

Emma überlegt und atmet tief ein, aber sie ist einfach zu wütend und enttäuscht, um jetzt mit ihrem Vater zu reden. Sie bleibt still in ihrer kleinen Höhle sitzen und wartet, bis ihr Vater die Tür geschlossen hat.

„Was soll ich nur machen? An allem ist mein Bruder schuld. Das ist so gemein!"

Jetzt hört sie auch noch wie ihre Eltern und Phil lachen und sich freuen.

„Toll, hast du das gebaut. Schau mal, Phil. Das ist ja wirklich ein richtig großer Turm geworden. Sehr gut, kleiner Phil."

Jetzt reicht es Emma endgültig. Das kann doch wohl nicht wahr sein. Alle haben Spaß, nur sie nicht und Phil wird auch noch die ganze Zeit gelobt und sie, sie bekommt immer nur Ärger.

Plötzlich springt Emma unter ihrem Bett hervor und reißt die Tür auf und rennt schreiend ins Wohnzimmer, wo sie ihre Eltern ganz überrascht ansehen. Phil hat sich so erschreckt, dass er anfängt zu weinen. Die Mutter nimmt Phil auf den Arm. „Ist doch gut Phil, das ist nur deine Schwester Emma."

„Emma, was ist denn in dich gefahren, hier so rumzuschreien!", ruft Papa.

Doch Emma hört ihren Vater gar nicht reden, sie sieht nur den hohen Turm aus Holzklötzen vor sich und stößt ihn mit aller Kraft um.

Das habt ihr nun alle davon!

Doch dann kann sich Emma nicht mehr von der Stelle bewegen. „Was hat sie nur getan?" Nun fängt auch sie an zu weinen. Papa kommt zu ihr und nimmt sie fest in den Arm.
Es wird schon alles gut, Emma.

„Was soll sie denn ihrem Vater sagen? Der muss doch wissen, was mit ihr los ist. Oder merkt er etwa gar nicht, dass nur noch alles nach dem Willen von Phil geht?"

Emma sitzt immer noch mit verschränkten Armen und vom Vater weggedreht unter dem Hochbett.

„Emma, komm, sag doch mal. Was ärgert dich so? Ist was in der Schule vorgefallen? Hattest du Streit mit deiner Freundin Lucie? Hattest du Ärger mit Mama?"

Ich glaube, Papa weiß wirklich nicht, warum sie so ärgerlich und traurig ist. Das kann doch gar nicht sein. Natürlich ist es wegen Phil und wie ihr euch seit seiner Geburt benehmt, will Emma Papa entgegenschreien. Soll ich das wirklich sagen und wenn Papa mich gar nicht versteht oder vielleicht dann böse mit mir wird?

Egal, sie muss einfach sagen, was sie bedrückt.

„Also, ich bin sauer auf euch alle. Auf dich, auf Mama und besonders auf Phil. Wir machen immer nur, was er will und immer kümmert ihr euch nur um ihn. Was ich tue und was ich will, ist euch doch ganz egal!"

Papa hört ihr aufmerksam zu. Er hat seine Hand auf ihre Hand gelegt. „Das fühlt sich gut an", denkt sich Emma. Jetzt hat sie Papa mal ganz für sich allein.

„Mein liebes Emmalein." So nennt sie nur Papa. „Das tut mir so leid, dass du dich so fühlst. Du hast Recht, seit Phil auf der Welt ist, haben wir nicht mehr so viel Zeit für dich und wir kümmern

uns mehr um ihn als um dich. Aber das heißt doch nicht, dass wir dich nicht genau so liebhaben. Du bist doch schon die große Schwester und kannst viele Dinge schon ganz allein. Du brauchst bei vielen Sachen unsere Unterstützung nicht mehr. In ein paar Jahren wird Phil hoffentlich auch so selbstständig sein. Aber im Moment braucht er einfach noch viel unsere Hilfe."

„Aber ich wollte letzte Woche so gerne in das Eisstadion und meine neuen Schuhe ausprobieren und wegen Phil wurde das nichts. Das ist gemein. Er ist schuld!", sagt Emma immer noch ein bisschen wütend.

Wieder sprudelt es nur so aus Emma heraus, aber sie fühlt sich gut, denn endlich kann sie Papa sagen, warum sie so wütend ist.

„Ich kann dich gut verstehen, Emma. Aber als du klein warst, haben wir sehr oft auch Rücksicht auf dich genommen und konnten viele Dinge nicht einfach mal so machen. Auf andere Rücksicht zu nehmen ist wichtig, aber das heißt natürlich nicht, dass du nie bekommst, was du willst. Vielleicht eben nur nicht gleich", erklärt Papa ganz freundlich.

„Ich verspreche dir, wir zwei gehen nächsten Samstag gemeinsam Schlittschuhlaufen. Einverstanden!", verspricht Papa.

Emma strahlt. „Nur du und ich! Super, Papa."

Emma umarmt ihren Papa ganz fest.

„Ich bin sehr erleichtert, dass du mit mir gesprochen hast, Emma. Manchmal weiß ich gar nicht genau, was dich gerade ärgert. Du kannst immer zu mir oder Mama kommen und mit uns reden und vielleicht sogar später mal zu Phil gehen, wenn du auf uns Eltern wütend bist."

Jetzt lacht Papa und Emma fängt auch an ein bisschen zu lächeln.

„Komm mit, jetzt gehen wir zu Mama und Phil ins Wohnzimmer und du, große Schwester, zeigst Phil, wie man einen richtig hohen Turm bauen kann. Wir sind nämlich alle sehr stolz auf dich und Phil kann noch jede Menge von dir lernen."

Emma nickt und ihr wird ganz warm im Bauch und ihre Wut ist nun ganz verschwunden.

Beide krabbeln unter dem Bett heraus und machen sich auf den Weg ins Wohnzimmer.

Alles ist neu
Eine Geschichte vom Mobbing

Simon liegt auf seinem Bett in seinem neuen Zimmer und schaut an die Decke. „Vor vier Wochen war noch alles gut", denkt er. Warum hatte nur der Chef seiner Mutter an eine andere Zweigstelle versetzt? Nur deswegen war Simon mit der ganzen Familie in den Sommerferien umgezogen.

Er vermisst sein altes Zuhause so sehr, die große Stadt, die hohen Häuser, die Geräusche. Hier in diesem kleinen Dorf ist einfach alles nur langweilig. Aber noch viel mehr vermisst er seine alten Freunde, er wollte keine neuen.

Simon kann das Wort „neu" nicht mehr hören. Neue Wohnung, neues Zimmer, neue Schule, neue Mitschüler, neue Lehrer, neuer Fußballverein. Simon liebt Fußball, seine Lieblingsmannschaft ist Eintracht Frankfurt. Sein Vater hat ihn einmal mit zu einem Spiel ins Stadion genommen. War das aufregend gewesen, ganz anders als vor dem Fernseher. Aber nun ist Frankfurt viel zu weit entfernt und er würde bestimmt nie wieder dort bei einem Spiel zuschauen können. Fast hätte Simon bei diesem Gedanken angefangen zu weinen.

Aber Simon ist nicht nur Fußballfan, er spielt auch selbst in der E-Jugend als Stürmer. In seiner alten Mannschaft hatte er viele Tore geschossen, sie waren ein echt super Team gewesen. Im letzten Jahr hatten sie sogar den Jugendpokal gewonnen. „Neu, neu, neu", schwirrt es in Simons Kopf herum. Seine neue Mannschaft ist ganz anders und die neuen Mitspieler sind irgendwie komisch zu ihm, aber vielleicht bildet er sich das auch nur ein. Früher hatte er sich immer auf sein Fußballtraining gefreut, aber nun hat er sogar ein bisschen Bauchschmerzen, wenn er daran denkt, dass er in einer Stunde auf dem Fußballplatz stehen soll.

Um halb fünf macht sich Simon trotzdem auf

den Weg zum Training. Wenn die Mannschaft ihn besser kennen würde und er erst mal ein paar Tore für den FC geschossen hätte, würden sie ihn schon mögen.

Als er die Tür zur Kabine öffnet, hört er lautes Lachen und alle reden durcheinander. Doch in dem Moment, indem die Jungs Simon sehen, ist es schlagartig still. Keiner sagt mehr etwas, alle schauen ihn nur an. „Hi", sagt Simon leise. Keine Antwort. Nur Noah nickt ihm freundlich zu. Simons Magen krampft sich wieder zusammen. Er fängt an, seine Trainingskleidung aus dem blauen Rucksack zu holen. „Was haben die nur gegen mich? Was soll ich nur machen?", überlegt er dabei die ganze Zeit. Zum Glück kommt in diesem Augenblick der Trainer in die Kabine. „Hey, Simon! Schön, dich zu sehen. Hallo Jungs! Simon, komm du mal kurz mit! Du kannst dich dann gleich umziehen." Simon verlässt zusammen mit dem Trainer die Kabine.

„Hast du das gehört? Der Neue bekommt schon wieder eine Sonderbehandlung. Der denkt, nur weil der aus einer Großstadt kommt, wäre er was Besseres und könnte uns zeigen, wie man Fußball spielt", ruft Leo wütend. „Und ich möchte wissen, was der Trainer allein mit ihm zu besprechen hat. Das ist unfair! Der Trainer mag ihn scheinbar mehr als uns.

„Echt gemein!", unterstützt ihn dann auch Mehmet. „Dem werden wir es heute beim Training zeigen. Macht ihr mit? Keiner passt einen Ball zu Simon.

Verstanden! Der soll das ruhig mal richtig
merken!", legt Leo noch mal nach und grinst.
„Wir sind eine Mannschaft! Alle für einen, einer für
alle!", stimmen die Jungs mit ein. Nur einer nicht.
Noah kaut auf seiner Unterlippe und tut so als
würde er noch mal seine Stutzenstrümpfe gerade
ziehen.
„Das war echt gemein, was Leo da vorhatte. Da
will er nicht mitmachen. Simon ist doch eigentlich ganz nett. Aber was würde passieren, wenn er
nicht zur Mannschaft halten würde?
„Was soll ich nur machen?", denkt Noah.

Wenn du willst, dass Noah bei Leos Plan mitmacht, dann lies auf Seite 60 weiter. Wenn du willst, dass Noah nicht bei Leos Plan mitmacht, dann lies auf Seite 64 weiter.

„Kein Wort zu Simon. Ihr wisst alle Bescheid. Ich verlasse mich auf euch! Klar?!", befiehlt Leo.
„Und jetzt los aufs Feld. Wir lassen es jetzt richtig krachen!" Grölend macht sich die Mannschaft auf den Weg zum Spielfeld.
Simon kommt zurück in die Kabine. Nun aber schnell, die anderen sind schon draußen. Er will nicht den Anfang des Trainings verpassen. Der Trainer hatte noch eine Frage zu seinem Spielerpass gehabt. Da hatte etwas nicht mit seinem Geburtsdatum gestimmt, aber nun war alles geklärt. Er könnte beim nächsten Spiel mit dabei sein, wenn er den Trainer heute von seinen Leistungen überzeugt. Simon ist sich sicher, heute würde er sich ganz besonders anstrengen.
Nur noch die Fußballschuhe und dann los. Komisch, jemand hat die Schnürsenkel so fest zusammengeknotet, dass Simon ewig braucht, bis er die Schuhe anziehen kann. Warum macht jemand das nur?
Er würde sich nichts anmerken lassen. Das wollten die Jungs doch nur. Er würde jetzt besonders gut spielen. Er würde es schon allen zeigen.
Als Simon zum Spielfeld kommt, haben sich die anderen schon warmgelaufen und machen gerade ein paar Dehnübungen.
„Da kommt er ja endlich. Brauchst dich wohl nicht warmzumachen, was?!" ruft Leo laut. „Oder brauchst du Hilfe beim Schuhebinden?" Dabei grinste er über das ganze Gesicht. Die anderen Jungs fangen an zu kichern.

„Ruhe jetzt! Konzentriert euch! Und du, Simon. Los jetzt, zwei Runden um den Platz und dann geht gleich unser Trainingsspiel los", bestimmt der Trainer.
Kurze Zeit später wird das Spiel angepfiffen. Die Hälfte der Mannschaft trägt hellgelbe Leibchen, damit man die beiden Gruppen unterscheiden kann.
Der Ball wird an der Mittellinie abgeschossen. Leo passt zu Tim, der nimmt an, schießt dann links vorbei am Gegner, direkt zu Noah.

Der schaut sich um, Simon steht ganz frei, rechts vom Strafraum. Wenn er jetzt zu Simon schießt, wäre das mit Sicherheit ein Tor. Noah zögert und passt dann geradeaus zu Basti. Doch der Gegner bekommt den Ball und das schwarzweiße Leder fliegt bis über die Mittellinie direkt zu Luis. Der rennt vor, passt zu Joshua und der setzt den Ball in die obere, linke Ecke des Tores. TOR! TOR! TOR! Simon schaut sich verwundert um. Was war denn das gerade gewesen? Warum hat Noah nicht zu ihm gepasst? Dieses Tor wäre ihnen sicher gewesen.

Simon schaut rüber zu Noah und Leo, die beiden nicken sich zu. Jetzt versteht Simon, was los ist. Noah hat extra nicht zu mir gepasst. Er hört wie die anderen anfangen zu kichern und zu tuscheln. Simon fühlt sich allein. „Alle gegen einen, einer gegen alle!", dröhnt es in seinem Kopf.

Ich halte das nicht mehr aus!, denkt Simon. Er merkt, dass ihm Tränen in die Augen schießen. Nur nicht vor den Jungs heulen, das wäre das Schlimmste, was jetzt noch passieren könnte. Ohne etwas zu sagen, rennt er vom Platz in die Kabine.

„Na, unser Starspieler ist wohl ein bisschen empfindlich. Besser, dass er vom Platz ist", ruft Leo. Alle lachen.

Noah fühlt sich komisch im Bauch und beißt wieder auf seiner Unterlippe herum.

Doch dann atmet er tief durch und rennt los.

„Kein Wort zu Simon! Ihr wisst alle Bescheid! Ich verlasse mich auf euch! Klar!", befiehlt Leo. „Und jetzt los aufs Feld. Wir lassen es jetzt richtig krachen!" Doch bevor einer die Kabine verlassen kann, ist Noah aufgestanden. Hoffentlich sieht Leo nicht, dass seine Knie vor Aufregung ein bisschen zittern.

„Ich finde das echt gemein, wie ihr mit Simon umgeht. Er ist eigentlich ganz nett und wir wissen doch gar nicht, was der Trainer mit ihm zu besprechen hat." „Was? Du hältst zu dem eingebildeten Großstadtangeber?" Leo verzieht das Gesicht. „WIR sind doch deine Freunde. Du musst dich entscheiden, Noah!"

Simon kommt zurück in die Kabine, als die anderen Jungs sich gerade auf den Weg zum Platz machen. Nun aber schnell. Er will nicht den Anfang des Trainings verpassen. Der Trainer hatte noch eine Frage zu seinem Spielerpass gehabt. Da hatte etwas nicht mit seinem Geburtsdatum gestimmt, aber nun ist alles geklärt. Er könnte beim nächsten Spiel mit dabei sein, wenn er den Trainer heute von seinen Leistungen überzeugt. Simon ist sich sicher, heute würde er sich ganz besonders anstrengen. Simon ist ganz in Gedanken. Da bemerkt er erst, dass Noah noch auf der Bank sitzt.

„Hi, was machst du denn noch hier?", fragt Simon. „Ich wollte auf dich warten", sagt Noah freundlich. Er weiß, was Leo mit Simons Schuhen gemacht hat und will Simon helfen.

Simon wird es bestimmt gleich merken.

„Das ist echt nett von dir. Bin gleich fertig", sagt Simon freudig.

Nur noch die Fußballschuhe und dann los. Jemand hat die Schnürsenkel so fest zusammengeknotet, dass Simon ewig brauchen würde, bis er die Schuhe anziehen könnte. Warum macht das jemand nur?

Simon schaut zu Noah. Der nimmt die Schuhe und beginnt die Knoten zu lösen. Gemeinsam haben die beiden es schnell geschafft, die Schnürsenkel zu entwirren. Jetzt aber schnell auf den Platz!

Als Simon und Noah zum Spielfeld kommen, laufen sich die anderen schon warm. Eilig rennen die Zwei zu der Gruppe dazu und beenden gemeinsam die zweite Runde. Noah und Simon merken, dass Leo sie die ganze Zeit beobachtet.

Simon versucht nicht mehr hinzuschauen.

Nach den Dehnübungen teilt der Trainer die Spieler in Gruppen ein. Die Hälfte der Mannschaft trägt hellgelbe Leibchen, damit man die beiden Gruppen unterscheiden kann.

Der Ball wird an der Mittellinie abgeschossen. Leo passt zu Luis, der nimmt an, schießt dann links vorbei am Gegner, direkt auf Noah zu. Der schaut sich um, Simon steht ganz frei, rechts vom Strafraum. Wenn er jetzt zu Simon schießt, wäre das mit Sicherheit ein Tor. Noah zögert, er schaut zu Leo. Der schaut ihn herausfordernd an. Noah weiß jetzt, was zu tun ist. Jede seiner Bewegungen läuft für Noah wie in Zeitlupe ab.

Sein Fuß trifft den Ball genau und das schwarzweiße Leder fliegt direkt auf Simon zu. Der stoppt
den Ball, dreht sich blitzschnell zur Seite um und
schießt mit voller Wucht auf das Tor. Dieser Schuss
ist für den Torwart nicht zu halten. TOR! TOR! TOR!
Noah rennt zu Simon und umarmt ihn. „Super
gemacht, Simon."
„Aber ohne deine Vorlage, hätte ich kein Tor
geschossen", antwortet ihm Simon. „Das wieder-
holen wir jetzt gleich noch mal. Auf geht's!", ruft
Noah Simon zu. Die beiden Jungen rennen los.

Manchmal ist es die eine Entscheidung,

die alles verändern kann.